TABLEAU DES FR∴ CH∴ CH∴

COMPOSANT LE

SOUV∴ CHAP∴ L'AVENIR

ANCIEN CHAPITRE ISIS-MONTYON

VALL∴ DE PARIS

AU 1er JANVIER 1912 E∴ V∴

Constitué le 20 Mars 1809

TRÈS SAGE

LE T∴ ILL∴ FR∴ CHEV∴ Dr A. CHEVALLEREAU

9, Rue des Pyramides, PARIS

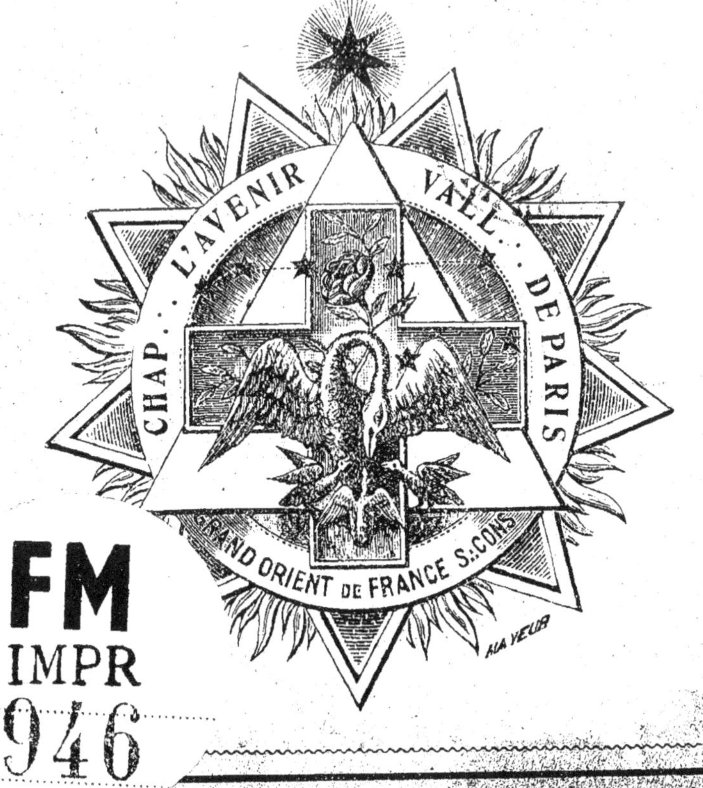

TABLEAU DES FR∴ CH∴ CH∴

COMPOSANT LE

SOUV∴ CHAP∴ L'AVENIR

ANCIEN CHAPITRE ISIS-MONTYON

VALL∴ DE PARIS

AU 1ᵉʳ JANVIER 1912 E∴ V∴

Constitué le 20 Mars 1809

TRÈS SAGE

LE T∴ ILL∴ FR∴ CHEV∴ Dr A. CHEVALLEREAU

9, Rue des Pyramides, PARIS

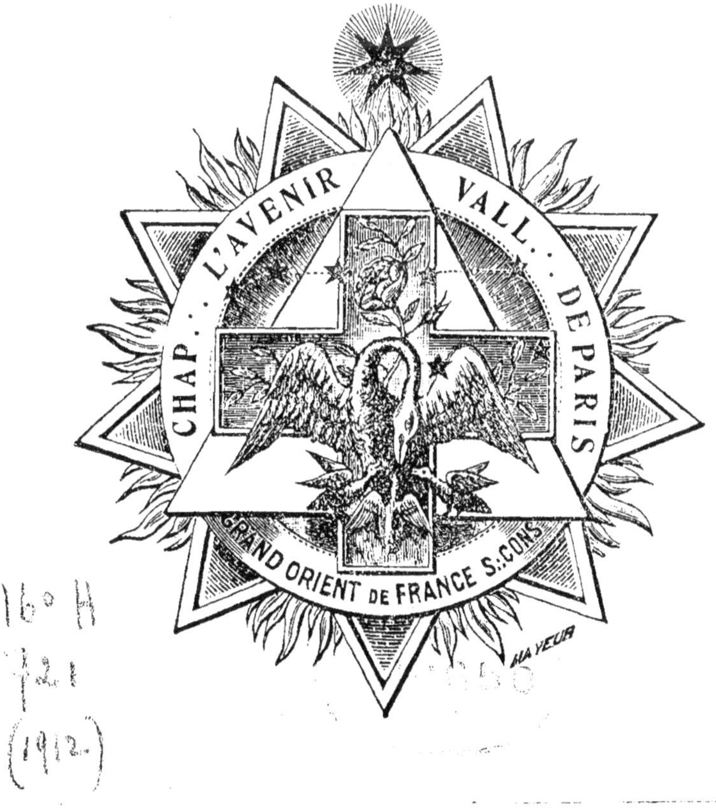

MEMBRES

du Souv∴ Chap∴ L'AVENIR

décédés depuis son Réveil

BRUN (Victor)	1893
MONDEHARE (Gaston)	1896
LELONG (Julien)	1897
VAN AMERONGEN (Bernard)	1897
MICHAUD (Antoine)	1898
TRILLAT (Claude)	1898
FEHER (Gabriel)	1900
FRANCOLIN (Gustave)	1901
COURDAVAUX (Pierre)	1901
FONTAINAS (Charles)	1902
VERON (Louis)	1902
RAAP (Henri)	1902
JOURDAN (Joseph)	1903
MORAN (Alfred)	1903
DESPLANTES (Auguste)	1905
LACHAT (Claude)	1905
MAILLOLS (Laurent)	1905
BURGUES (Rodolphe)	1906
AUBEAU (Armand)	1907
CORDEAU (Ernest-Joseph)	1907
PLETINCKX (Pierre-Henri-Victor)	1907
BOURCERET (Auguste-Marie-Joseph)	1908
FINOT (Eugène-Adrien)	1908
LEFÈVRE (Jacques-Louis-Victor)	1908
LIMOUSIN (Mathieu)	1909
GASTEBLED Père (Eugène-Abeilard)	1909
COGNEAU (Adolphe)	1910
DENIZET (Louis)	1910
TOULZAC (Jean-Jacques)	1910
TUCHMANN (Arthur)	1911
BLATIN (Antoine)	1911

FONDATEUR
du Chapitre ISIS-MONTYON

NAUDIN (Etienne-Charles). 1809

TRÈS SAGES
du Chapitre L'AVENIR

ANCIEN ISIS-MONTYON

depuis son Réveil (*24 Novembre 1890*)

FRANCOLIN. 1890-1892
BOURCERET. 1893-1895
OLIVIER. 1896-1898
TUCHMANN. 1899-1900
DE SAINT-ARROMAN 1901-1902
PÉCHARD 1903-1904
MILLÉE 1905-1906
TISSIER 1907-1908
SAVOIRE 1909-1910
CHEVALLEREAU. 1911-

MEMBRES HONORAIRES

BARASSIN (Louis-Alexandre), 18ᵉ, employé, 14, rue Rouget-de-l'Isle, Courbevoie (Loge *Vrais Experts*).

LECOQ (Gustave-Henri), 18ᵉ, couvreur, salle Denis-Papin, 15, hospice de Bicêtre (Loge *Les Zélés Philanthropes*).

Prière de détruire l'annuaire précédent en recevant celui-ci, lequel sera à détruire à la fin de l'année courante.

MEMBRES EN CONGÉ

NÉANT

Adresser la Correspondance au Chanc∴.
E. GASTEBLED, 32, rue Albouy, Paris, 10ᵉ.

OFFICIERS

Élus pour l'année 1912

Très Sage	D' A. CHEVALLEREAU, 31'.
1er Gr.·. Gardien . .	HÉLOUIS, 30'.
2e Gr.·. Gardien . .	AUGER, 30'.
Ch.·. d'Eloquence . .	CASTEL, 18'.
G.·. Chancelier . .	GASTEBLED (E.-L.), 18'
G.·. Expert	MOGIN, 30'.
G.·. Trésorier . . .	GACHES, 31'.
Eléémosynaire . . .	ALDENHOVEN, 30'.
M.·. des Cérémonies	MOGIN, 30'.
Porte-Etendard . . .	DE RIBEAUCOURT, 31'.
M.·. des Agapes . .	BLANCHET (J.), 31'.
Gardien de la Tour	FINOT, 30'.

ADJOINTS

u Ch.·. d'Eloquence	BERNHEIM, 33'.
u Chancelier . . .	D'ALADERN, 30'.
u Trésorier	DEVAUX, 18',
l'Eléémosynaire . .	LEROY-BERNARD, 30'.
u M.·. des Agapes	CHARTIER, 30'.
u G.·. Expert . . .	PLANTY, 18'.

EXTRAIT DU RÈGLEMENT GÉNÉRAL

SECTION TROISIÈME
De l'obtention des grades capitulaires

78. — Un maître ne peut être élevé aux grades capitulaires que s'il est membre actif d'une Loge de la Fédération, s'il a au moins trois ans de maîtrise et s'il a mérité cette élévation par des services rendus à l'Ordre ou par des actes utiles à l'humanité.

79. — Tout candidat aux grades capitulaires doit être proposé à un Chapitre, soit par la Loge à laquelle il appartient, soit par cinq membres actifs de ce Chapitre.

SECTION QUATRIÈME
De l'obtention des grades philosophiques

83. — Un rose-croix ne peut être élevé aux grades philosophiques que s'il est membre actif d'une Loge et d'un Chapitre de la Fédération, et s'il a au moins un an d'ancienneté au 18' degré.

84. — Tout candidat aux grades philosophiques doit être proposé à un Conseil par le Chapitre auquel il appartient.

CORRESPONDANCE. — Tout F.'. Chev.'. qui change de domicile doit faire connaître sa nouvelle adresse au F.'. chancelier, le F.'. Chev '. GASTEBLED, 32, rue Albouy, à Paris, de manière à assurer régulièrement le service des convocations et éviter les retours.

COTISATIONS. — Les cotisations peuvent être acquittées en un mandat-postal envoyé au F.'. trésorier, le F.'. Chev '. GACHES, 32, rue Guillaume-Tell, à Paris.

DÉCÈS. — En cas de décès d'un F.'. Chev.'., la famille est priée d'annoncer cette perte par télégramme au F.'. T.'. S '. CHEVALLEREAU, 9, rue des Pyramides, à Paris, et d'en renouveler l'avis dès que le jour et l'heure du convoi seront fixés, afin de pouvoir convoquer en temps opportun la députation obligatoire des membres du Souv.'. Chap.'. devant assister aux obsèques.

MEMBRES ACTIFS

28 **Agier** (Adrien), 18e, né à Saint-Etienne, 1872, chef de cercle au Haut-Ogoué (Congo français, au Chap.·. 7 mai 1903. — *Avant-Garde Maçonnique.*

79 **Aladern** (René d'), 30e, né à Paris, 1867, professeur de l'Université, 71, rue de Rome, à Paris, au Chap.·. 4 mars 1909. — *L'Avant-Garde Maçonnique.*

58 **Aldenhowen** (Clément), 30e, né à Coblentz, 1862, naturalisé français, négociant, 4, rue de la Paix, à Saint-Cloud, au Chap.·. 4 juillet 1907. — *L'Avant-Garde Maçonnique.*

2 **Auger** (Paul-Adrien-David), 31e, né à Paris, 1851, fonctionnaire retraité, 79, rue Villiers-de-l'Isle-Adam, à Paris, au Chap.·. 2 mai 1907. — *L'Avant-Garde Maçonnique.*

78 **Barbier** (Pierre), 30e, né à Verdun, 1878, docteur, 63, baulevard Sébastopol à Paris, au Chap.·. 4 mars 1909. — *Alsace-Lorraine* et *Gnôthi Seauton*

84 **Barre** (André-Pierre), 18e, né à Clermont-Ferrand, 1878, homme de lettres, 3, place de la Sorbonne, à Paris, au Chap.·. 4 novembre 1909. — *Conscience et Volonté.*

45 **Bastard** (Gustave), 30e, né à Genève, 1869, docteur, 10, rue Frédérique Bastiat, à Paris, au Chap.·. 17 mai 1906. — *Les Amis du Progrès.*

81 **Bellard** (Paul-Marius), 30e, né à Lille, 1871, ingénieur des Arts-et-Métiers, 35, rue de Ponthieu, à Paris, au Chap.·. 1er juillet 1909. — *L'Avant-Garde Maçonnique.*

4   **Bernheim** (Gustave-Eugène), 33e, né à Guéret, 1855, industriel, 71, rue de Provence, Paris, au Chap.·., 8 avril 1885. — *Unité Maçonnique.*

7   **Blanchet** (Jean), dit Georges, 31e, né à Cadouin, 1851, comptable, 36, rue du Cardinal-Lemoine, à Paris, au Chap.·. 6 novembre 1896. — *Les Droits de l'Homme.*

16   **Blanchet** (Martial), 32e, né à Cadouin, 1853, économe, 11, rue des Fossés-Saint-Jacques, à Paris, au Chap.·. 4 septembre 1899. — *La Justice.*

3   **Bolling** (Jean-Frédéric), 30e, né à Amsterdam, 1849, commissionnaire en marchandises, 1, rue Richer, à Paris, au Chap.·. 14 janvier 1885. — *Unité Maçonnique.*

99   **Bombled** (Charles-Louis), 18e, né à Chantilly, 1862, artiste peintre, 61, rue Lafayette, à Paris, au Chap.·. 5 janvier 1911. — *L'Avant-Garde Maçonnique.*

80   **Bouglé** (Francis-Auguste), 18e, né à Montreuil, (Sarthe), 1870, négociant, à Chézy-sur-Marne (Aisne), au Chap.·. 4 mars 1909. — *Les Amis du Progrès.*

61   **Bouquero** (Charles-Claude-Gaspard-Ernest-René), 18e, né à Toulouse, 1854, lieutenant-colonel, 4e régiment de zouaves, à Bizerte, au Chap.·. 7 novembre 1907. — *Les Droits de l'Homme.*

2   **Braibant** (Désiré-Joseph), 30e, né à Ongrée (Belgique), 1848, rentier, 14, avenue Pinel, Asnières, au Chap.·. 14 décembre 1883. — *L'Avenir.*

95   **Brémond** (Joseph-Alexandre-Lucien), 30e, né à Aix-en-Provence, 1844, ingénieur E. C. P., 42, rue d'Orsel, à Paris, au Chap.·. 3 mars 1910. — *Les Rénovateurs.*

13 **Buisson** (Alfred-Jean-Baptiste), 30e, né à Igny, 1852, parfumeur-chimiste, 61, rue Rambuteau, au Chap.·. 6 juillet 1899. — *Le Temple de l'Honneur et de l'Union.*

38 **Bureau** (Jules), 18e, né à Saint-Laurent (Loir-et-Cher), 1859, pharmacien, 52, rue de l'Orangerie, à Versailles, au Chap.·. 4 juillet 1905. — *L'Avant-Garde Maçonnique.*

36 **Cagé** (Ernest-Camille), 18e, né à Paris, 1860, directeur de l'Imprimerie officielle, à Kayes (A. O. F.), au Chap.·. 5 mai 1904. — *France et Colonies.*

65 **Carpentier** (Gontran), 18e, né à Paris, 1869, rédacteur à la Préfecture de la Seine, 91, avenue de la République, à Courbevoie, au Chap.·. 9 janvier 1908. — *Les Amis du Progrès.*

46 **Castel** (Charles-Marie), 30e, né à Colmar, 1863, employé, 58, rue Monge, à Paris, au Chap.·. 17 mai 1906. — *L'Amitié.*

35 **Cauvin** (Charles-Louis-Emmanuel), 18e, né à Toulon, 1868, capitaine d'infanterie coloniale, à Brignoles (Var). — *France et Colonies.*

107 **Champion** (René-Joseph-Pierre), né à Strasbourg, 1871, professeur adjoint au Lycée Condorcet, 34, rue Ramey, au Chap.·. 6 Juillet 1911.

44 **Chartier** (Louis-Joseph-Henri), 30c, né à Carcassonne, 1866, directeur de restaurants, 14, rue de Vienne, à Paris, au Chap.·. 17 mai 1906. — *Conscience et Volonté.*

39 **Chatir-Bey** (Paul), 30c, né à Césarée (Turquie), 1869, consul ottoman, 154, boulevard Haussmann, à Paris, au Chap.·. 4 juillet 1905. — *La Liberté.*

*

85 **Chauchard** (Albert-Emmanuel), 18e, né à Tarbes, 1874, docteur, 2, rue Boyer-Barat, à Paris, au Chap.·. 4 novembre 1909. — *Conscience et Volonté.*

64 **Chauveau** (Gaston-Constant), 18e, né à Coulommiers, 1862, négociant, 1, rue du Midi, à Neuilly-sur-Seine, au Chap.·. 9 janvier 1908. — *Les Amis du Progrès.*

69 **Chevallereau** (Amand-Auguste), 31e, né à Fontenay-le-Comte, 1850, docteur, 9, rue des Pyramides, à Paris, au Chap.·. 7 mai 1908. — *Isis-Montyon.*

24 **Comte** (Louis), 30e, colonel d'infanterie coloniale, 17, rue Chasseloup-Laubat, au Chap.·. 1er mai 1902. — *France et Colonies.*

108 **Courbon** (Antoine), 18e, né à St-Etienne, 1867, chef surveillant aux P. T. T., 99, rue de Grenelle, au Chap.·. 6 juillet 1911. — *Avant-Garde-Maçonneque.*

86 **Cottrelle** (Eugène-Auguste), 30e, né à Albert, 1867, juge de paix du canton de Levallois-Perret, 34, rue Voltaire, à Levallois-Perret, au Chap.·. 4 novembre 1909. — *L'Amitié.*

29 **Csapo** (Sigismond), 18e, né à Kis-Gzel (Hongrie), 1852, traducteur, 110, boulevard Rochechouart, à Paris, au Chap.·. 7 mai 1903. — *L'Avant-Garde Maçonnique.*

96 **Dautrevaux** (Adrien), 18e, né à Paris, 1868, pharmacien, 64, rue de la Chapelle, à Paris, au Chap.·. 3 mars 1909. — *L'Avant-Garde Maçonnique.*

53 **Desarnod** (Eugène-Auguste), 18e, né à Genève, 1859, représentant, 6, boulevard de la Madeleine, à Paris, au Chap.·. 2 mai 1907. — *Les Amis du Progrès.*

37 **Devaux** (Clovis-Félix), 18e, né à Roussillon, 1874, négociant en vins de Champagne, 33, rue Ordener, à Paris, au Chap.·. 2 mars 1905. — *L'Amitié*.

34 **Didier** (Marc-Ernest), 18e, né à Toulon, 1859, fonctionnaire colonial retraité, à St-Christophe de Cholais, au Chap.·. 7 janvier 1904. — *France et Colonies*.

100 **Dublange** (Louis), 18e, né à Sarlat, 1853, juge de paix suppléant à Ivry, 49, boulevard Saint-Michel, à Paris, au Chap.·. 5 janvier 1911. — *L'Avant-Garde Maçonnique*.

63 **Dunème** (Léon-Jules-Arsène), 18e, né à Champlin, 1875, docteur, 10, rue de Turbigo, à Paris, au Chap.·. 7 novembre 1907. — *Les Conscience et Volonté*.

70 **Durand** (Armand-Auguste), 18e, né à Paris, 1861, professeur, 126, avenue de Villiers, à Paris, au Chap.·. 7 mai 1908. — *Inséparables du Progrès*.

54 **Dusserre** (Albert-Eugène), 18e, né à Liancourt, (Oise), 1875, Commis des postes à Neufchâtel-en-Bray, au Chap.·. 2 mai 1907. — *France et Colonies*.

48 **Filippini** (Charles-Mathieu), 30e, né à Caracas (Venezuela), 1861, receveur particulier des Finances, à Valognes (Manche), au Chap.·. 5 juillet 1906. — *France et Colonies* et *Inséparables du Progrès*.

68 **Finot-Jarry** (Eugène), 30e, né à Paris, 1873, employé de commerce, 4, rue Durantin, à Paris, au Chap.·. 9 janvier 1908. — *Le Lien des Peuples et Bienfaiteurs réunis*.

93 **Fouineau** (Raoul), 18e, né à Paris, 1873, docteur, 108, boulevard Richard-Lenoir, à Paris, au Chap.·. 6 janvier 1910. — *La Philosophie Positive*.

30 **Gaboriaud** (Abel), 18e, né à Sonnac, 1875, administrateur de colonies, 1, rue Vauvenargues, au Chap.·. 7 mai 1903. — *L'Avant-Garde Maçonnique.*

6 **Gaches** (Jean-Henri), 31e, né à Varilhes, 1864, comptable, 32, rue Guillaume-Tell, à Paris, au Chap.·. 3 juillet 1896. — *Le Temple de l'Honneur et de l'Union.*

87 **Gastebled** (Eugène-Léon), 18e, né à Gournay-en-Bray, 1882, brodeur, 32, rue Albouy, à Paris, au Chap.·. 4 novembre 1909. — *Bienfaisance et Progrès.*

55 **Gellynck** (Alexandre-Adolphe), 30e, né à Paris, 1869, industriel, 97, rue de la Folie-Méricourt, au Chap.·. 2 mai 1907. — *L'Avant-Garde Maçonnique.*

109 **Gerbault** (Edouard-Louis-Maris), 18e, né à Mezanger, 1866, juge au tribunal civil, à Mayenne, au Chap.·. 6 juillet 1911. — *L'Avenir.*

60 **Gilles** (Edouard), 18e, né à Grenoble, 1870, courtier en grains, 25, rue du Louvre, a Paris, au Chap.·. 7 novembre 1907. — *L'Amitié.*

33 **Grange** (Henri-Joseph), 31e, né à Viron (Belgique), 1846, naturalisé français, modeleur-mécanicien, 17, rue Marqfoy, à Paris, au Chap,·. 7 mai 1903. — *Bienfaisance et Progrès.*

40 **Gratia** (Louis-Emile), 30e, né à Lunéville, 1878, compositeur de musique, 7, place Dancourt, a Paris, au Chap.·. 6 juillet 1905. — *Les Vrais Amis.*

26 **Graux** (Lucien), 30e, né à Paris, 1878, docteur, 33, avenue Kléber, à Paris, au Chap.·. 6 juillet 1902. — *Les Etudiants.*

73 **Gressard** (Claude), 18e, né à Charolles, 1864, pharmacien, chirurgien-dentiste, 83, rue Nationale, a Ivry-Port, au Chap.·. 5 novembre 1908. — *Les Vrais Experts.*

104 **Guillery** (René-Georges), 18e, né à Arreville, 1867, ingénieur, 111, rue de Flandre, à Paris, au Chap.˙. 2 mars 1911. — *L'Amitié.*

74 **Guyot** (Yves-Prosper), 18e, né à Dinan, 1843, publiciste, 95, rue de Seine, à Paris, au Chap.˙. 5 novembre 1908. — *La Philosophie Positive.*

19 **Haas** (Jules), 30e, né à Phillot, (Vosges), 1869, négociant en grains, rue des Vesles, Reims, au Chap.˙. 9 novembre 1900. — *L'Amitié.*

59 **Hélouis** (Henri-Stanislas-Marie), 30e, né à Rouen, 1872, docteur en droit, 23, rue Clauzel, à Paris, au Chap.˙. 4 juillet 1907. — *L'Amitié.*

75 **Lambert** (Victor-Arthur), 18e, né à Essigny-le-Grand, 1858, docteur, 20, rue des Bons-Enfants, à Paris, au Chap.˙. 5 novembre 1908. — *Les Amis du Progrès.*

62 **Landau** (Michel), 18e, né à Paris, 1855, employé, 8, rue de la Fontaine-au-Roi, à Paris, au Chap.˙. 7 novembre 1907. — *Les Droits de l'Homme.*

50 **Laurand** (Félix), 18e, né à Nantes, 1869, décorateur-tapissier, 83, rue Myrha, à Paris, au Chap.˙. 1907. — *L'Amitié.*

110 **Lefèvre** (Gaston), 18e, né à Rouen, 1870, représentant de fabrique, 13, rue Chabrol à Paris, au Chap.˙. 6 juillet 1911. — *Isis-Montyon.*

101 **Lavigerie** (Louis-Léon), 18e, né à Rochefort, 1866, homme de lettres, 6, impasse Girardon, à Paris, au Chap.˙. 5 janvier 1911. — *L'Avant-Garde Maçonnique.*

94 **Le Bas** (Gaston-Jean), 18e, né à Calais, 1864, docteur médecin, 8, boulevard de Magenta, à Paris, au Chap.˙. 6 janvier 1910. — *Liberté*.

97 **Leroy** (Bernard-Eugène), 30e, né à Paris, 1871, docteur, 51, rue de Miromesnil, à Paris, au Chap.˙. 12 mai 1910. — *France et Colonies*.

27 **Lévy** (Albert), 30e, né à Paris, 1858, commis de banque, 7, rue Lauriston, à Paris, au Chap.˙. 5 mars 1903. — *L'Unité Maçonnique*.

88 **Lévy** (Emile), 18e, né à Corfou (Grèce), 1876, employé de Bourse, 82, rue des Moines, à Paris, au Chap.˙. 4 novembre 1909. — *L'Economie Sociale*.

67 **Lévy** (Georges), 30e, né à Reims, 1877, dentiste, 92, rue Raynouard, à Paris, au Chap.˙. 9 janvier 1908. — *Les Amis du Progrès*.

89 **Livé** (Henri-Alexandre), 18e, né à Lons-le-Saunier, 1878, secrétaire général de sociétés coloniales, 46, rue d'Orsel, à Paris, au Chap.˙. 4 novembre 1909. — *Conscience et Volonté*.

66 **Lorin** (Victor), 18e, né à Paris, 1875, négociant, 76, boulevard de Magenta, à Paris, au Chap.˙. 9 janvier 1908. — *Les Amis du Progrès*.

10 **Mabilon** (Joseph-Auguste), 31e, né à Saint-Uze, 1859, négociant en vins, 59, rue Saint-Antoine, à Paris, au Chap.˙ 4 novembre 1898. — *Les Droits de l'Homme*.

32 **Malesset** (Joseph-Marie-Emile), 30e, né à Buzançais, 1863, juge au Tribunal de commerce, 28 *bis*, rue Guersant, à Paris, au Chap.˙. 7 mai 1903. — *L'Etoile de l'Avenir de Seine-et-Oise*.

17 **Marsat** (Jean-Claude-Albert), 18e, né à Angoulême, 1859, colonel d'artillerie coloniale, 4, avenue St-Philibert, à Paris, au Chap.·. 20 décembre 1889. — *Le Temple de L'Honneur et de l'Union.*

83 **Mayer** (Charles-Léopold), 18e, né à Paris, 1881, ingénieur, 3, rue de la République, à Meudon, au Chap.·. 1er juillet 1909. — *L'Avant-Garde Maçonnique.*

111 **Michoux** (Jean-Simon), 18e, né à Touy-sur-Jour, Nièvre, 1876, ingénieur, 21, rue Beaunier, à Paris, au Chap.·. 6 juillet 1911. — *L'Avenir.*

22 **Milhaud** (Michel), 18e, né à Aix-en-Provence, 1857, avoué, 9, rue Moncey, à Paris, au Chap.·. 4 juillet 1901. — *Unité Maçonnique.*

9 **Millée** (Nicolas-Ernest), 33e, né à Chaumont, 1856, docteur, 8, rue de Milan, à Paris, au Chap.·. 5 mai 1898. — *L'Amitié.*

21 **Mogin**, (Alexandre), 30e, né à Paris, 1834, professeur honoraire, 19, rue Pouchet, Paris, au Chap.·. 7 mars 1901. — *Marcellin Berthelot.*

71 **Moreau** (Lucien-Joseph-René), 18e, né à Vézelay, 1875, clerc liquidateur, 4, rue de l'Entrepôt, à Paris, au Chap·.. 7 mai 1908. — *L'Union Fraternelle.*

11 **Moussard** (Paul), 30e, né à Paris, 1869, inspecteur primaire, 18, rue des Merciers, Avallon (Yonne), au Chap.·. 6 juillet 1899. — *Les Amis Philanthropes.*

18 **Navoizat** (Jean-Claude), 31e, né à Montargis, 1861, chef de comptabilité, 102, rue de Belleville, à Paris, au Chap.·. 1er mars 1900. — *Les Vrais Experts.*

.113 **Nebut-Renault** (Lucien-Louis), 18e, né à
Villeneuve-sur-Yonne. 1867, avocat. 225,
avenue Daumesnil, à Paris, au Chap.·. 2 novembre 1911. — *Avant-Garde Maçonnique.*

51 **Neveu** (Raoul), 18e, né à Bourges, 1861, fabricant d'instruments pour les sciences, 35, rue
de la Montagne-Sainte-Geneviève, à Paris, au
Chap·. 14 mars 1907. — *Bienfaisance et
Progrès.*

98 **Noailles** (Pierre-Armand), 18e, né à Teste-
de-Buch, 1861, professeur, 9, rue Auguste-
Aucour, Villefranche-sur-Saône (Rhône), au
Chap.·. 7 juillet 1910. — *Conscience et Volonté.*

43 **Noguès** (Roger), né à Saint-Blancard, 1859,
directeur de sociétés coloniales, 14, rue d'Au-
male, à Paris, au Chap.·. 17 mai 1906. —
Les Vrais Experts.

5 **Olivier** (Jules), 33e, né à Paris, 1855, fabricant
de montres. 41, rue de Richelieu, à Paris,
au Chap.·. 10 novembre 1886. — *L'Avenir.*

114 **Olivier** (Louis-J.B.-Célestin), 18e, né à Vau-
dray (Jura), 1864, employé de chemin de fer,
15, boulevard Jules-Ferry, au Chap.·. 2 novembre 1911. — *Isis-Montyon.*

41 **Ottenheimer** (Hugues), 30e, né à Jebenhausen
(Wurtemberg), 1863, agent consulaire de
France, à Linsbruck (Tyrol), au Chap.·.
4 juillet 1905. — *Union Fraternelle.*

90 **Palant** (Jules), 18e, né à Paris, 1871, professeur au Lycée Leconte-de-l'Isle, à Saint-Denis (île de la Réunion), au Ch·. 4 novembre
1909. *L'Amitié Saint-Denis (La Réunion).*

25 **Pavie** (Auguste-Jean-Marie), 30e, né à Dinan,
1847, ministre plénipotentiaire, 15, rue d'Er-
langer, a Paris, au Chap.·. 4 juillet 1902. —
France et Colonies.

1 **Péchard** (Charles-Louis-Joseph), 33e, né à Paris, 1856, commissaire de police, 9, rue Marsollier, à Paris, au Chap.·. 12 décembre 1883. — *Étoile Polaire.*

76 **Perin** (Gaétan), 18e né à Rennes, 1865, armateur, 25, rue de Bourgogne, à Paris, au Chap.·. 5 nov. 1908. — *Les Amis du Progrès.*

103 **Piot** (Léon), 18e, né au Noyer, Hautes-Alpes, 1862, officier d'administration, comptable, 6, boulevard des Invalides, à Paris, au Chap.·. 5 janvier 1911.

91 **Plenty** (Adrien), dit André Roccafort, 18e, né à Vintimille, 1864, gérant de la Taverne Grüber, 1, boulevard Beaumarchais, à Paris, au Chap.·. 4 novembre 1909. — *Conscience et volonté.*

72 **Porral** (Jules), 18e, né à Paris, 1861, employé de commerce, le Bois Mélé, par St-Gratien (S.-et-O.), au Chap.·. 7 mai 1908. — *L'Amitié.*

15 **Renoult** (René), 18e, né à Paris, député, ministre du travail, 49, boulevard Haussmann, à Paris, au Chap.·. 6 juillet 1899. — *Avant-Garde Maçonnique.*

23 **Ribaucourt** (de) (Edouard), 33e, G. B. C. S. du G.·. O.·., né à Payerne (Suisse), 1865, préparateur en Sorbonne, 86, boulevard de Port-Royal, à Paris, au Chap.·. 4 juillet 1901. — *Les Amis du Progrès.*

92 **Richardin** (Henri-Charles), 18e, né à Vaucouleurs, 1842, vérificateur, expert de la ville de Paris et de la Préfecture de la Seine, 46, avenue de Saint-Mandé, à Paris, au Chap.·. 4 novembre 1909. *Les Droits de l'Homme.*

42 **Roëland** (Emile-Clément), 18e, né à Paris,
1875, vétérinaire, 30, rue des Ecluses-Saint-
Martin, à Paris, au Chap.·. 8 mars 1906. —
Gnôti Seauton.

82 **Roret** (Charles), 18e, né à Audelancourt 1868,,
homme de lettres, 1, avenue Gabriel, à Saint-
Maur-les-Fossés, au Chap.·. 1 juillet 1907.
— *Les Etudiants.*

31 **Santerre** (Edouard), 18e, né à Paris, 1865,
négociant, 2, rue Ordener, à Paris, au Chap.·.
7 mai 1903. — *Les Amis du Progrès.*

105 **Sauret** (Henri-Sébastien), 18e, né à Rennes,
1853, général de brigade, chef d'état-major
du gouvernement militaire de Paris, 6, boulevard des Invalides, Hôtel des Invalides, à
Paris, au Chap.·. 2 mars 1911. — *L'Avenir.*

14 **Savoire** (Camille-Victor), 33e, né à Marche-
noir, 1869, docteur, 11 bis, boulevard Haussmann, à Paris, au Chap.·. 6 juillet 1899. —
L'Avant-Garde Maçonnique.

8 **Serres** (Gustave), 33e, né à Toulouse, 1854,
receveur principal des postes de la Seine,
65, rue Jean-Jacques-Rousseau, à Paris, au
Chap.·. 1er juillet 1897. — *Le Progrès.*

47 **Textor de Ravisy** (Henri), 18e, né à Paris,
1864, ingénieur, 18, avenue de la Motte-
Piquet, à Paris, au Chap.·. 17 mai 1906.— *Les
Inséparables du Progrès.*

56 **Tibaut** (Louis-Marie-Joseph-Léon-Lucien) 18e,
né à l'Isle-sur-Sorgues, 1873, négociant,
papiers et cartons, 9, quai de Billancourt, à
Boulogne-sur-Seine, à Billancourt, tél. 130,
au Chap.·. 2 mai 1907. — *Les Amis du Progrès.*

102 **Tisseau** (Paul), 18e, né à Bazoges-en-Paréas, 1874, secrétaire général de la préfecture de la Mayenne, 48, quai Béatrix, à Laval, au Chap.˙. 5 janvier 1911. — *Avant-Garde Maçonnique.*

12 **Tissier** (Paul-Louis-Alexandre), 32ᵉ né à Parpeçay, 1863, docteur, 10, rue de Richelieu, à Paris, au Chap.˙. 6 juillet 1899. — *Les Amis du Progrès.*

115 **Trousson** (Louis-Alfred), 18e, né à Arras, 1881, employé, 5, rue des Deux-Gares, Paris, au Chap.˙. 2 novembre 1911. — *Avant-Garde Maçonnique.*

20 **Tulliez** (Alfred), 30e, né à Paris 1874, représentant en métallurgie, 159, rue Lafayette, à Paris, au Chap.˙. 3 janvier 1901. — *Bienfaisance et Progrès.*

106 **Varinot** (Louis), 18e, né à Colmars (Basses-Alpes), 1876, avocat à la Cour d'appel, 11, rue Malher, à Paris, au Chap.˙. 2 mars 1911. *Les Etudiants.*

112 **Vidal** (Eugène), 18e, né à Brioude (Hte-Loire), 1871, capitaine au 4ᵉ d'infanterie, 10, boulevard Vauban, à Auxerre, au Chap.˙. 6 juillet 1911. — *Les Philanthropes Arvernes.*

77 **Wahl** (Paul-Lucien), 18e, né à Lyon, 1870, médecin en chef de l'asile d'aliénés, à Pontorson, au Chap.˙. 5 novembre 1908. — *Le Réveil de l'Yonne.*

57 **Wolff** (Armand), 18e, né à Nancy, 1858, négociant en diamants, 4, rue de Compiègne, à Paris, au Chap.˙. 2 mai 1907. — *L'Avant-Garde Maçonnique.*

49 **Wulfingh** (Charles-Frédéric-Rodolphe), 18e, administrateur de colonies, Fallu-Cottage, à St-Gaultier (Indre), au Chap.˙. 5 juillet 1906. — *France et Colonies.*

Paris. — Imp. H.˙. RICHARD, 3, rue Milton.

Janner 1999